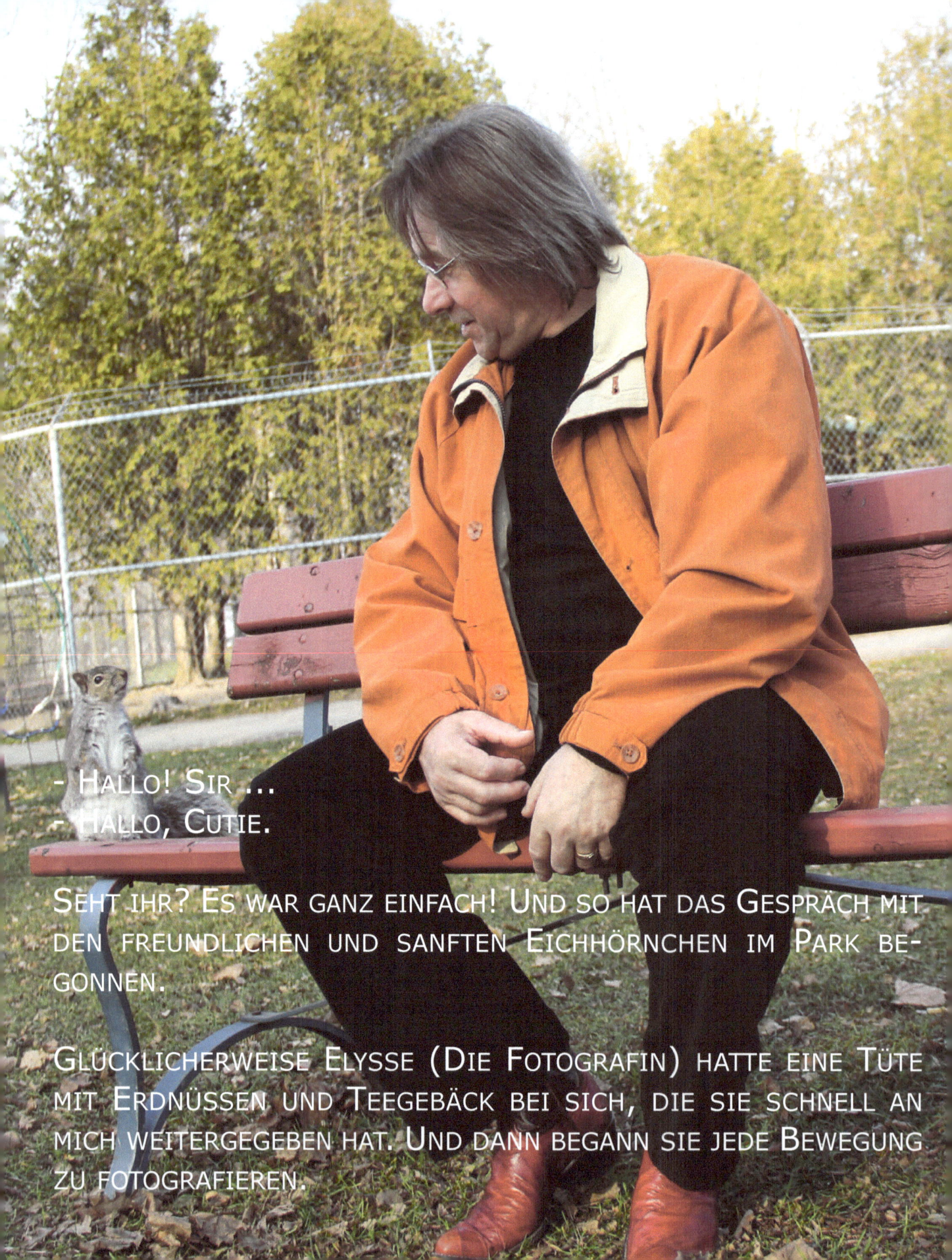

- Hallo! Sir …
- Hallo, Cutie.

Seht ihr? Es war ganz einfach! Und so hat das Gespräch mit den freundlichen und sanften Eichhörnchen im Park begonnen.

Glücklicherweise Elysse (die Fotografin) hatte eine Tüte mit Erdnüssen und Teegebäck bei sich, die sie schnell an mich weitergegeben hat. Und dann begann sie jede Bewegung zu fotografieren.

FOTOGRAFIERTE GESCHICHTE

# Die Eichhörnchen und Ich

## An einem nachmittag im Park

# KLAUS D. EMRICH

## FOTOGRAFIN ELYSSE POETIS

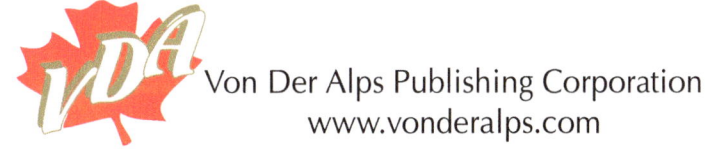

Von Der Alps Publishing Corporation
www.vonderalps.com

# Die Eichhörnchen und Ich

Autor - Klaus D. Emrich

Fotografin - Elysse Poetis

Erste Original veröffentlicht im September 2014
Original Title: The Squirrels and I.
ISBN 978-0-9936867-1-9

Deutsche Übersetzung Klaus D. Emrich, veröffentlicht Januar 2015
Von Der Alps Publishing Corporation, Kanada.

www.vonderalps.com

Kanadian Katalogisierung der Veröffentlichung Daten
ISBN 978-0-9936867-2-6

Gedruckt in den USA

# *Widmung*

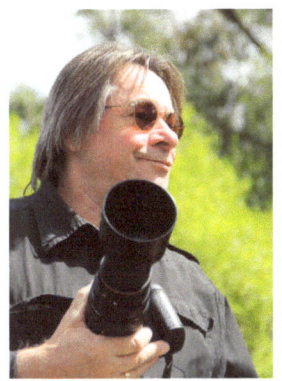 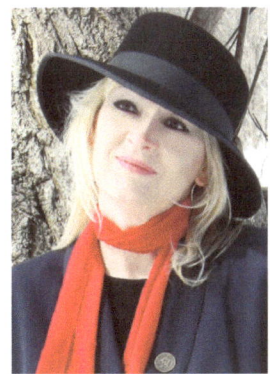

ch widme dieses Buch zu meiner Frau Mary (Pseudonym Elysse Poetis), die in den letzten zehn Jahren mit Freundlichkeit und Ausdauer, mich dazu inspirierte hat, die Natur und ihre unendliche Schönheit zu umarmen.

Die moderne Wissenschaft die, die Natur imitiert, um unser Leben zu verbessern. Stärker und intelligentere Materialien entdeckt und bearbeitet jeden Tag im kleinsten Maßstab. Die unendliche Karte nanoskaliger Architektur ist unsere Mutter Natur. Schließlich kamen wir zu dem eindeutigen ergebnis, dass die Natur unser Lehrer ist. Die Felder sind die Klassenzimmer, wir sind seine Schüler. Und Mary konnte es sehen, seit sie ein Kind war, waren ihre interests, in Fotografie, Poesie und Geschichten schreiben. Sie ist meine Frau und mein bester Freund, mit Ihr liebe ich es die natürlichen Welt zu Erkunden, darüber zu lesen, darüber zu schreiben und zu fotografieren.

Die preisgekrönte, energische und mitreißende neugierige Elysse ist Autorin mehrerer Bücher on Amazon. Sie schreibt wahre Geschichten, Belletristik, Lyrik und Fantasie. Einige ihrer Bücher sind ausschlieslisch Fotografie. Jeden Tag erinnert sie mich daran, wie sehr sie es schätzed, mich als ihren Ehemann und bester Freund zu haben, Sie an der Hand zu nehmen und für lange Spaziergänge in die Natur zu gehen so oft wie möglich ist ein vergnügen. Wir genießen es zu jeder Jahreszeit, Tag und Nacht. Insgesamt wollen wir daß, die Menschheit eine glänzende und gesunde Zukunft hat.

*Klaus D. Emrich*

# Über die Eichhörnchen

Diese poofy Schwanz Schönheiten gehören zur der Bunten Familie "Hörnchen." Hier einige der Mitglieder:

- Chipmunks
- Baum Eichhörnchen
- Grundeichhörnchen
- Fliegende Eichhörnchen
- Präriehunde
- Murmeltiere
- Waldmurmeltiere usw.

Das nordamerikanische Grauhörnchen in Ontario , Kanada

HINWEIS: Die Unterfamilien der oben genannten Mitglieder konnten in zahlreiche Arten jeweils integrieren. (Es ist sehr viel Zeit und Geduld erforderlich, um ihre gewohheiten zu entdecken. Man hat jedoch sehr viel Spaß dabei).

In Anbetracht, daß Eichhörnchen sehr sensibel sind, verspielt, sehr intelligent, sanft und super-freundlich, kann man Vertrauen und Freundschaft zwischen ihnen und den Menschen in ruhiger Umgebung, in einer sehr kurzer Zeit ent-wickeln. Sie lieben sanfte Stimmen. Als Bewohner der Stadt, Eichhörnchen genießen Lebensmittel wie: geröstete Erdnüsse, Knospen, Ahorn Schlüssel, Beeren, Früchte, Insekten usw. Ihre Nester sind Phantasie, gebaut in der Form eines Korbes aus Blättern und Zweigen, vor Räubern sicher, oben in den Baumkronen. Wenn beschützt und gut gefüttert Eichhörnchen leben so lange, wie Katzen und Hunde.

Unsere Nachbarschaften sind super-Quellen Spaß und Informationen für uns alle zur Verfügung zu beobachten und zu erforschen.

# Die Eichhörnchen und Ich

An einem schönen Herbsttag, meine Frau Mary (Pseudonym Elysse Poetis) und ich beschlossen, wir gehen für einen Spaziergang in den Park und schiessen ein paar Fotos. Sie schlug vor, auch geröstete Erdnüsse und Samen mit uns zu nehmen um die kleinen wilden Tieren zu füttern, nur für den fall , das sie Hunger haben. In Ontario, Kanada, haben wir eine vielzahl von Eichhörnchen, jeder Farbe, groß und klein.

Sobald wir in den Park kamen, waren wir von Eichhörnchen umgeben, die Eichhörnchen waren in der Hoffnung, etwas futter zu bekommen, und wir waren mit so viel Aufmerksamkeit überwältiged. Und so begann die Show! Mary knipste ein Bild nach dem anderen, während ich das Vergnügen hatte mit den kleinen Kreaturen zu interagieren und sie zu füttern.

Durch die wunderbare Erfahrung, die wir hatten möchte ich euch allen empfehlen: Kinder, Jugendliche, junge Erwachsene, Eltern und Großeltern, die in Euren Gemeinde Parks erhaltene Natur mit all seiner Pracht und Schönheit zu beobachten. Es gibt nichts schöneres, als die Entdeckung, daß diese kleine Eichhörnchen nicht anders sind als unsere Hauskatzen und Hunde.

Sehr intelligent und super-sanft, sind die Eichhörnchen in der lage, charme und vertrauen zu menschen haben. Sie waschen sofort ihre Gesichter und Schwanz, um ihre Schönheit zu zeigen, für die extra besondere Erdnuss.

Die Fotos in diesem Lustigem - Buch zeigen, dass die Harmonie zwischen Mensch und dem kleinen wilden Leben angenehm ist.

*Klaus D. Emrich*

# Die Eichhörnchen und Ich

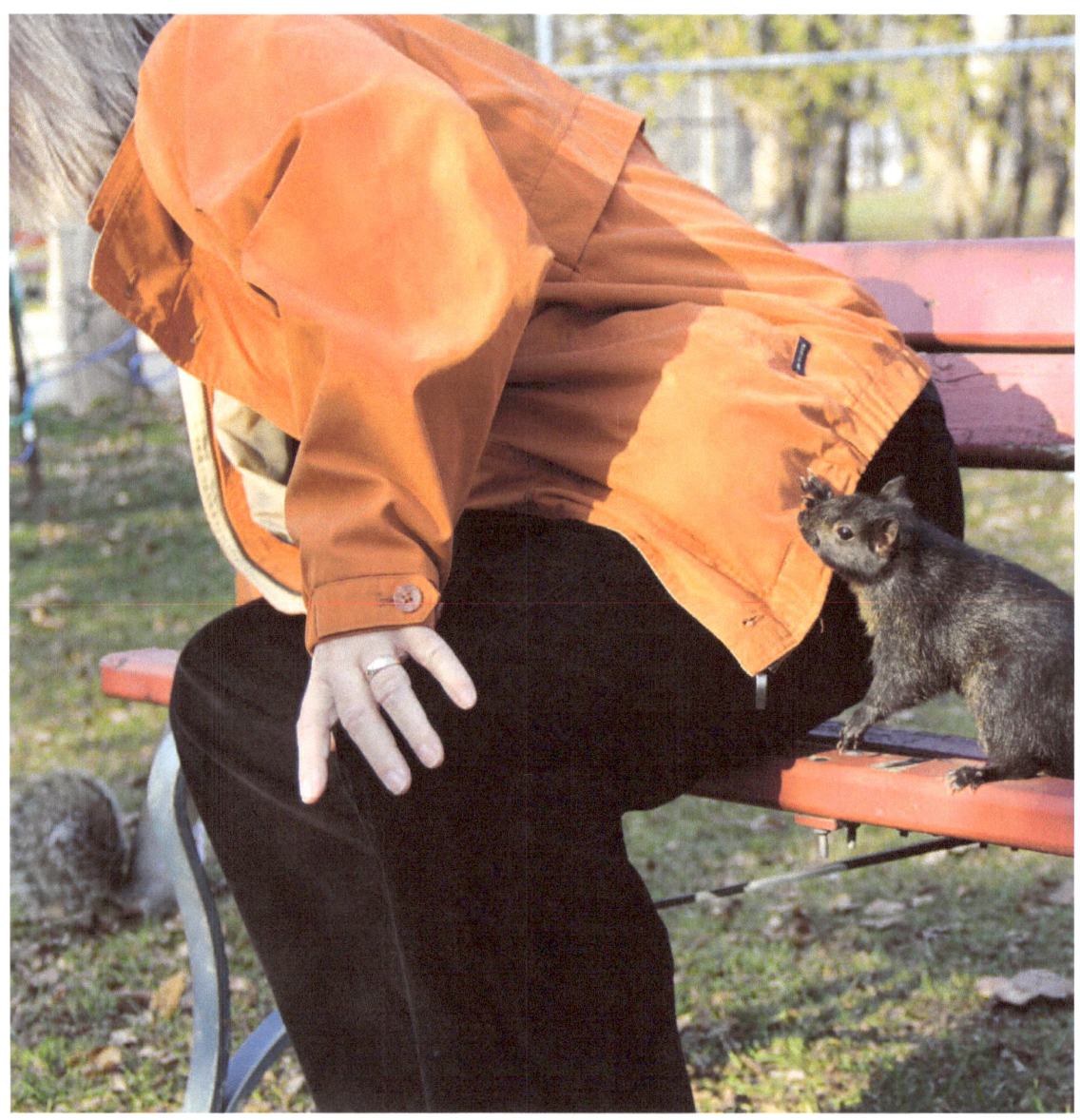

Es ist Fütterungszeit für die Eichhörnchen.

# Die Eichhörnchen und Ich

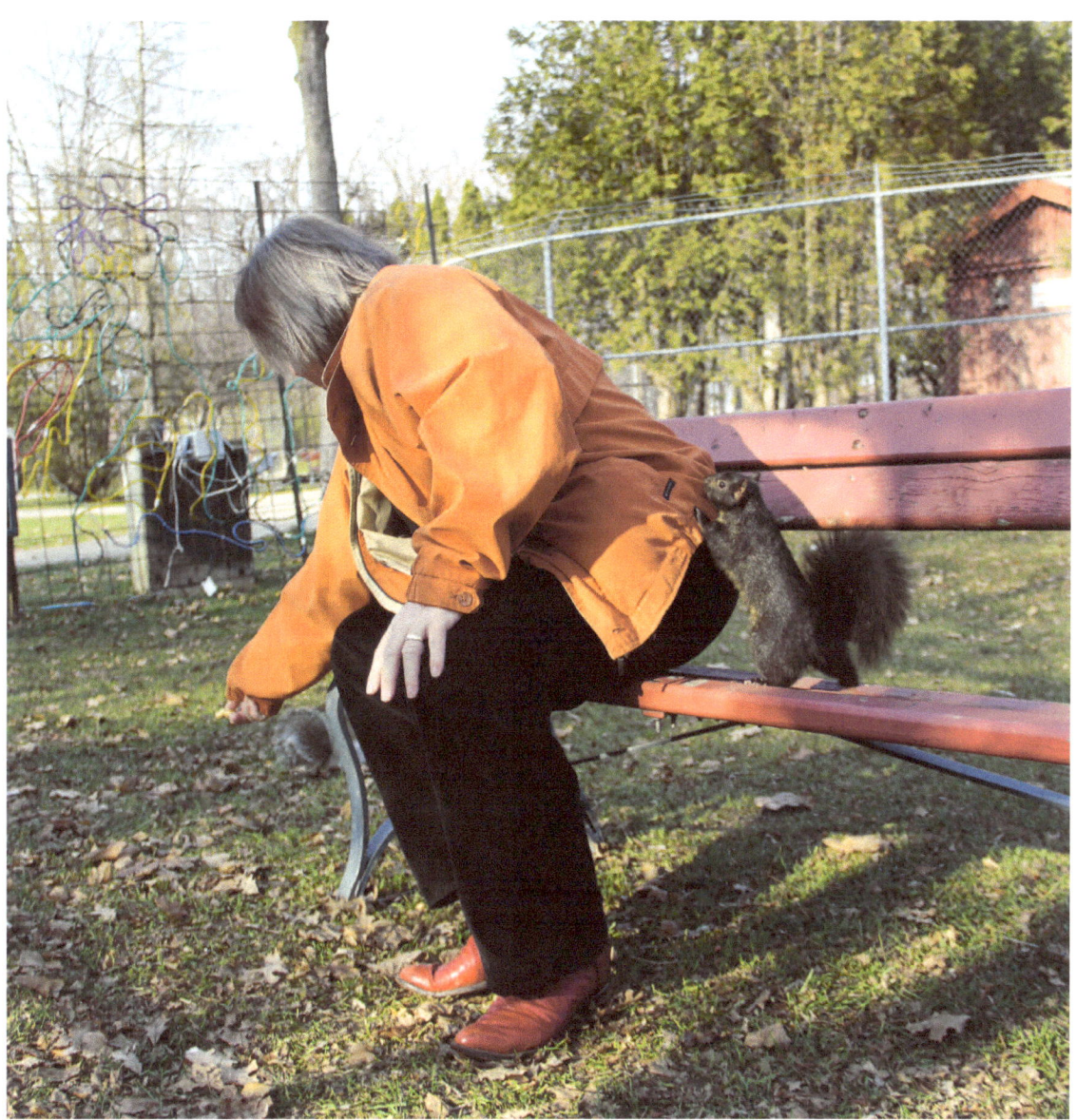

Sir, ich bin hinter Ihnen! Bitte vergessen Sie mich nicht.

# Die Eichhörnchen und Ich

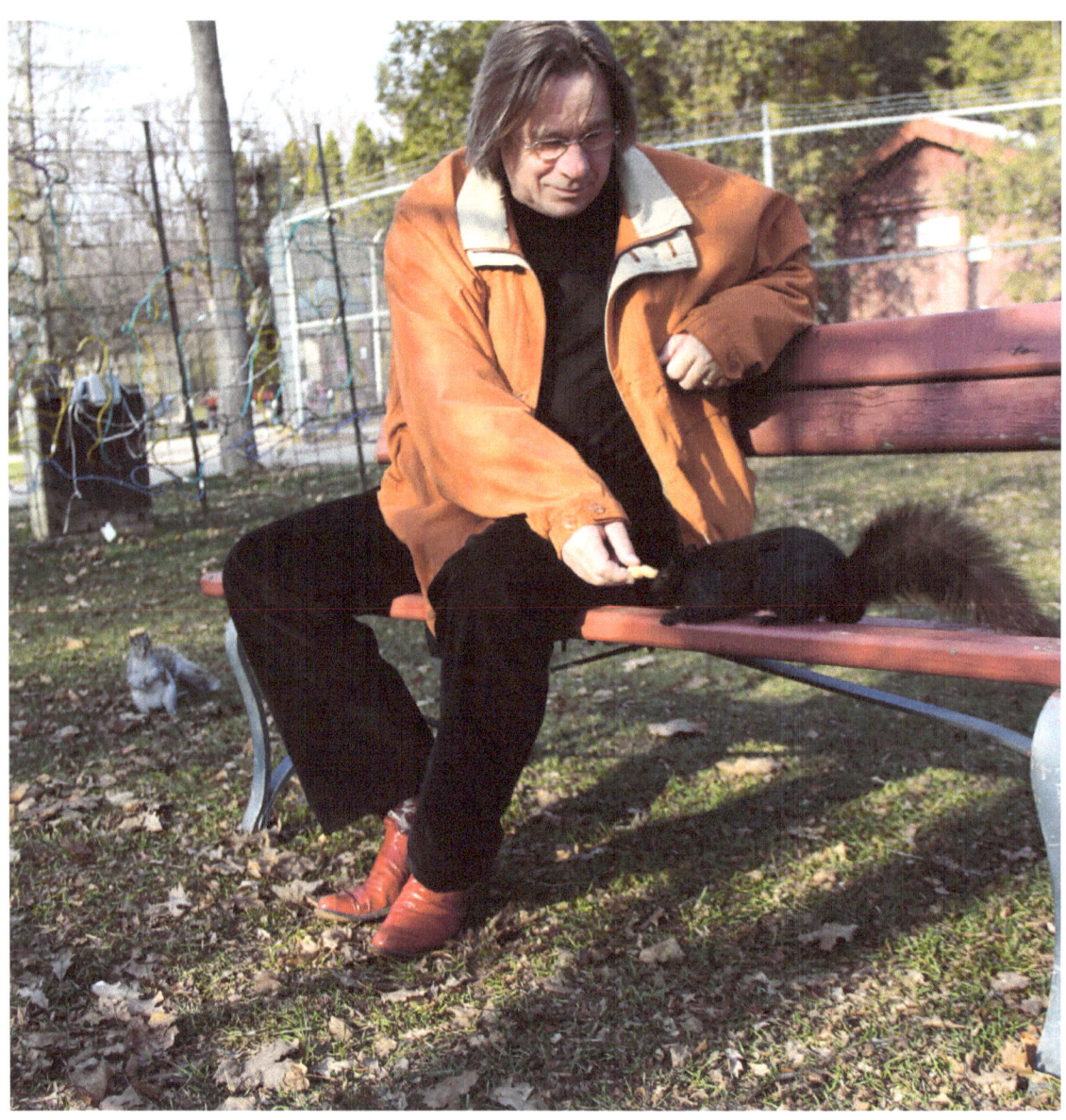

Siehst du? Ich habe dich nicht vergessen, mein kleiner Freund.

# Die Eichhörnchen und Ich

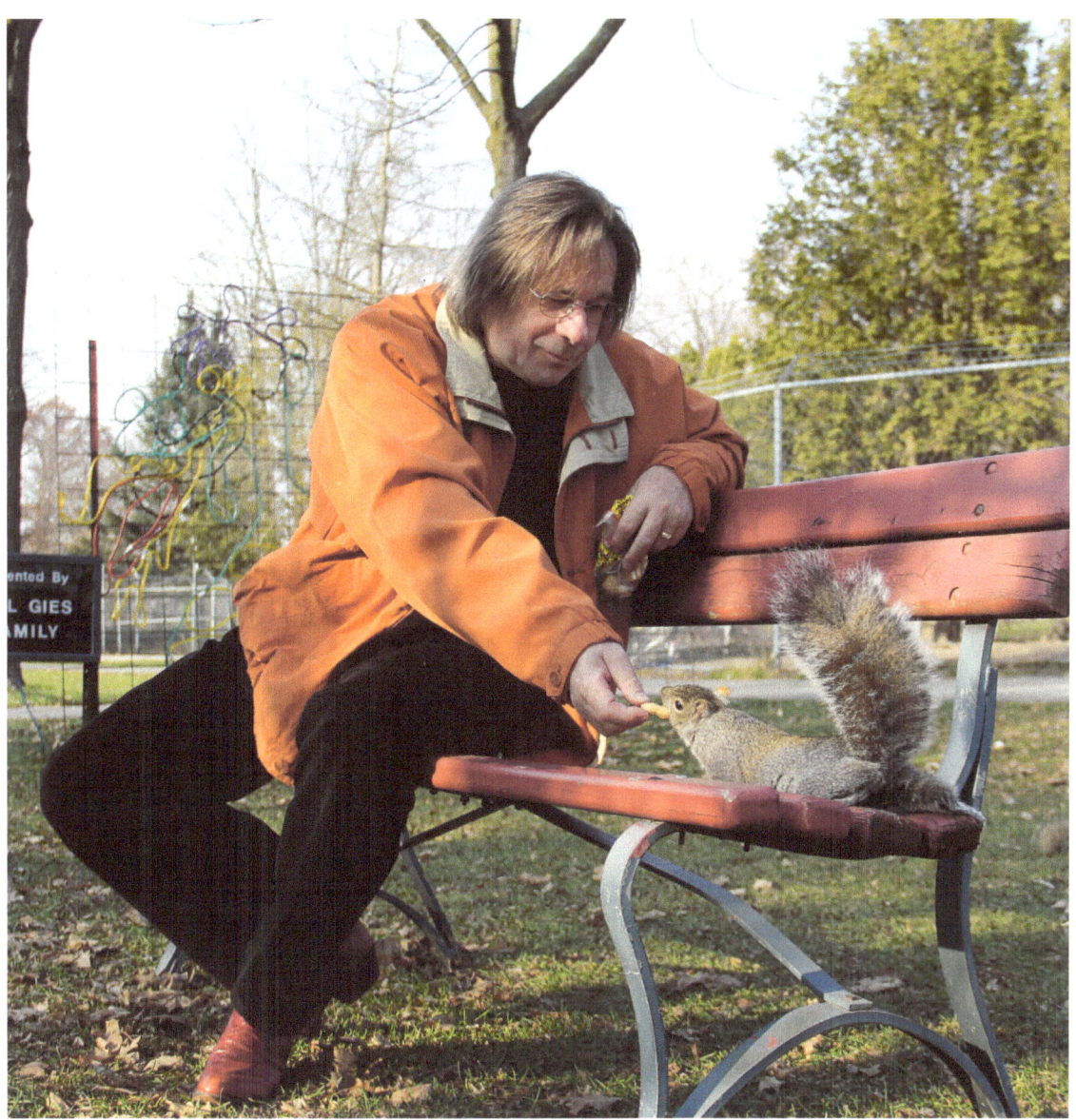

Du kleiner Charmeur … Auch Du bekommst deine wohlverdiente Erdnuss.

# Die Eichhörnchen und Ich

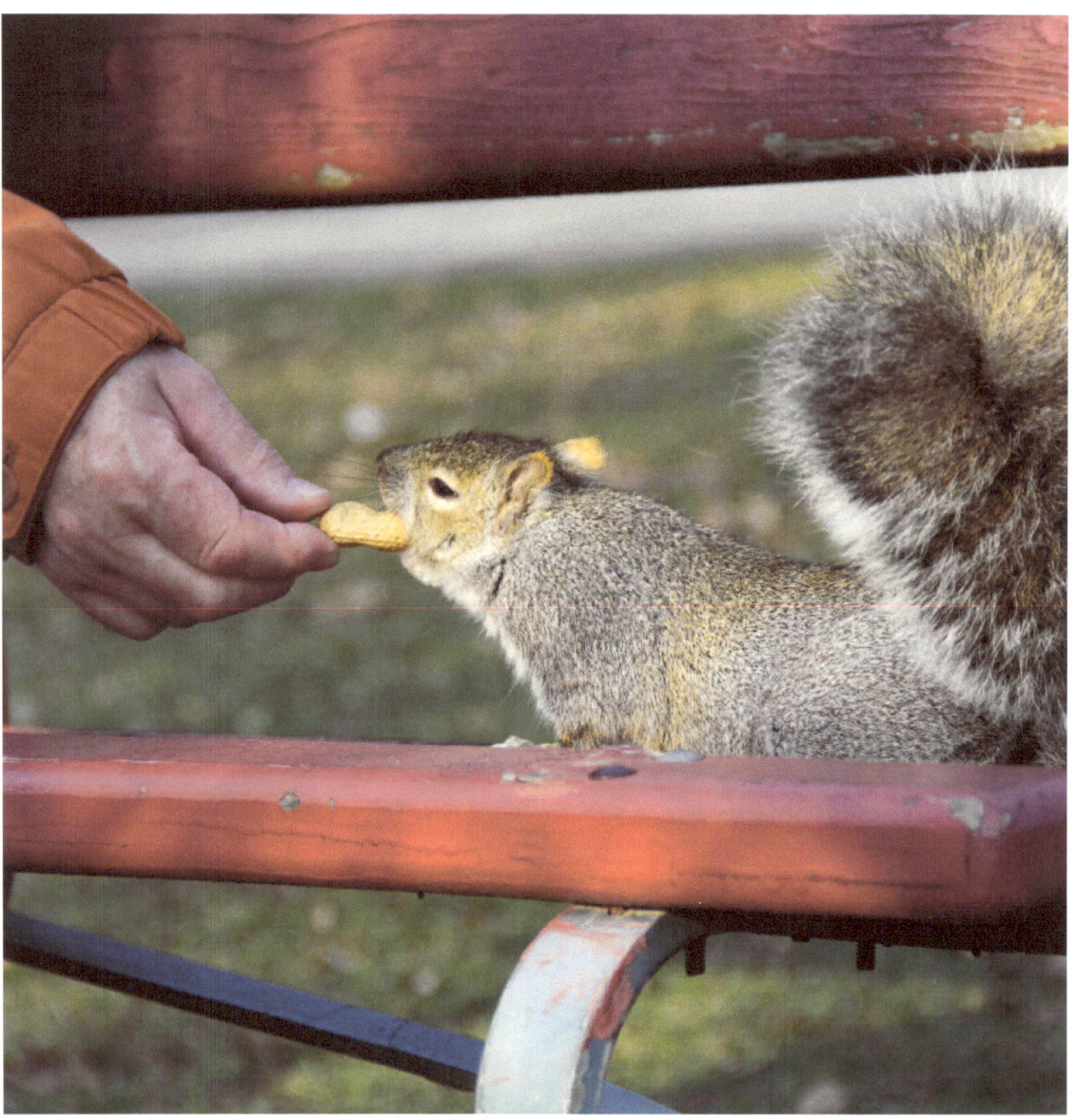

Oh, es riecht so gut …

# Die Eichhörnchen und Ich

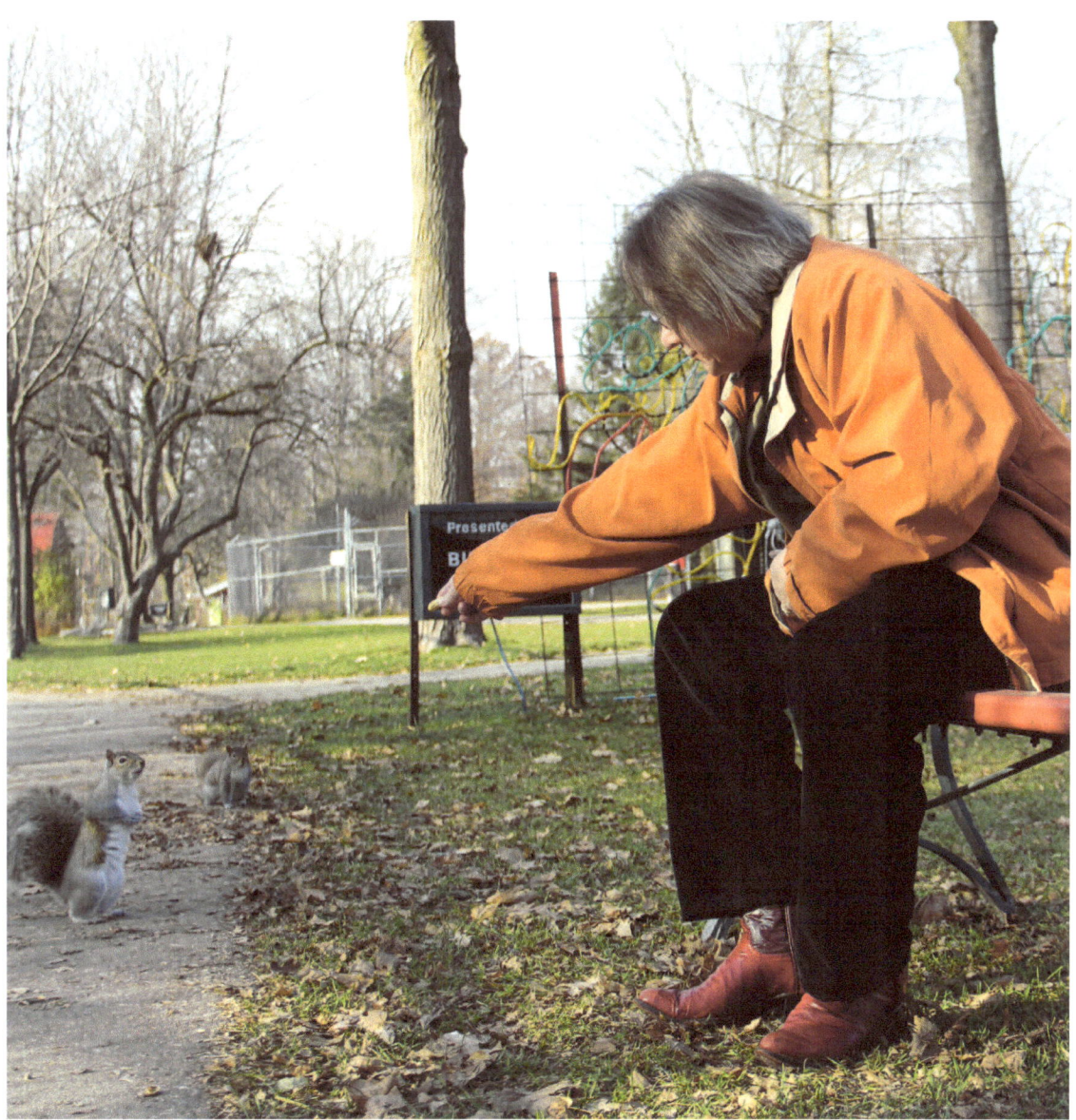

Hallo Eichhörnchen! Seit nicht so schüchtern. Hier sind Eure Erdnüsse.

# Die Eichhörnchen und Ich

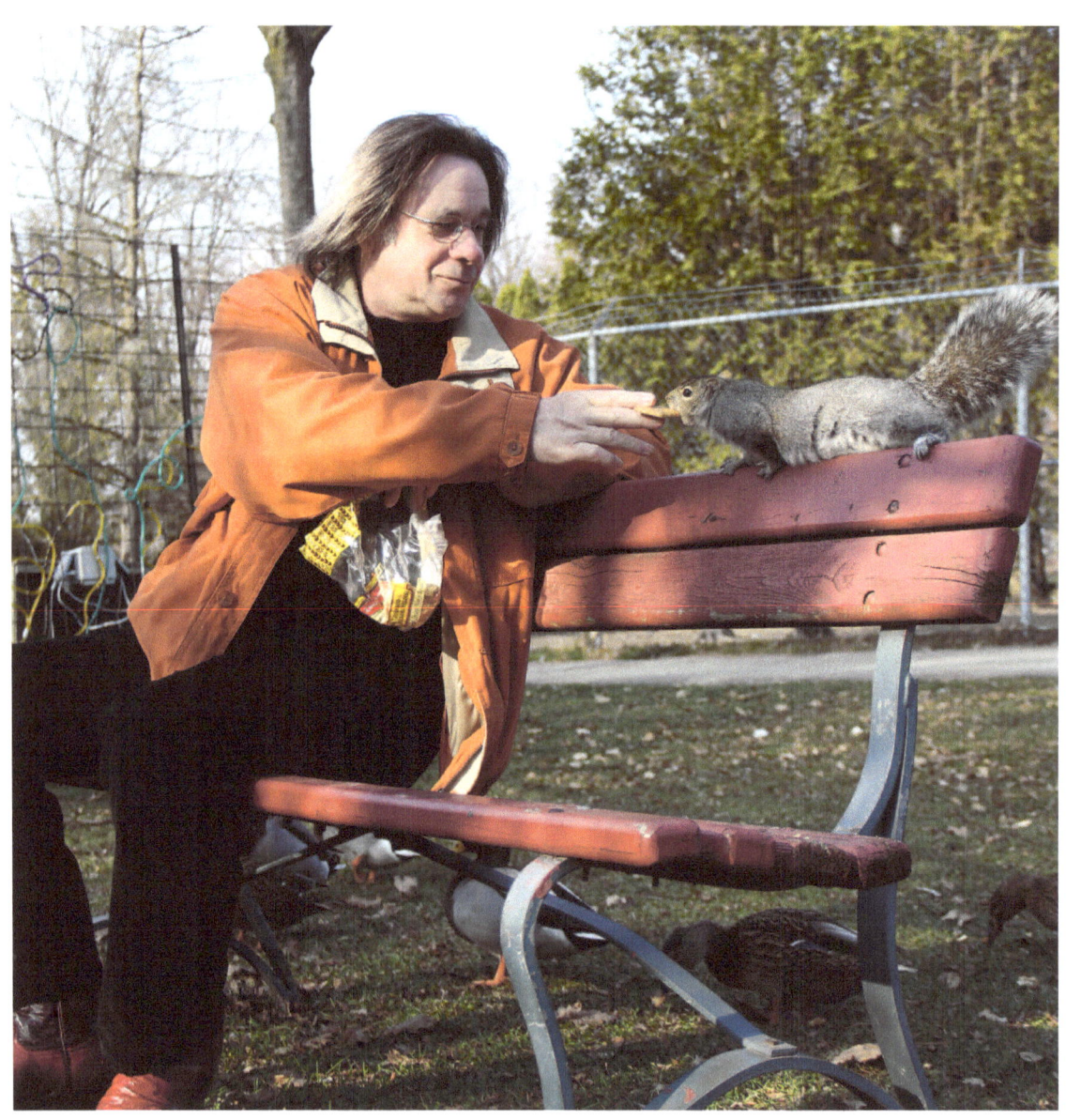

Und jetzt zum Nachtisch, Tee Kekse!

# Die Eichhörnchen und Ich

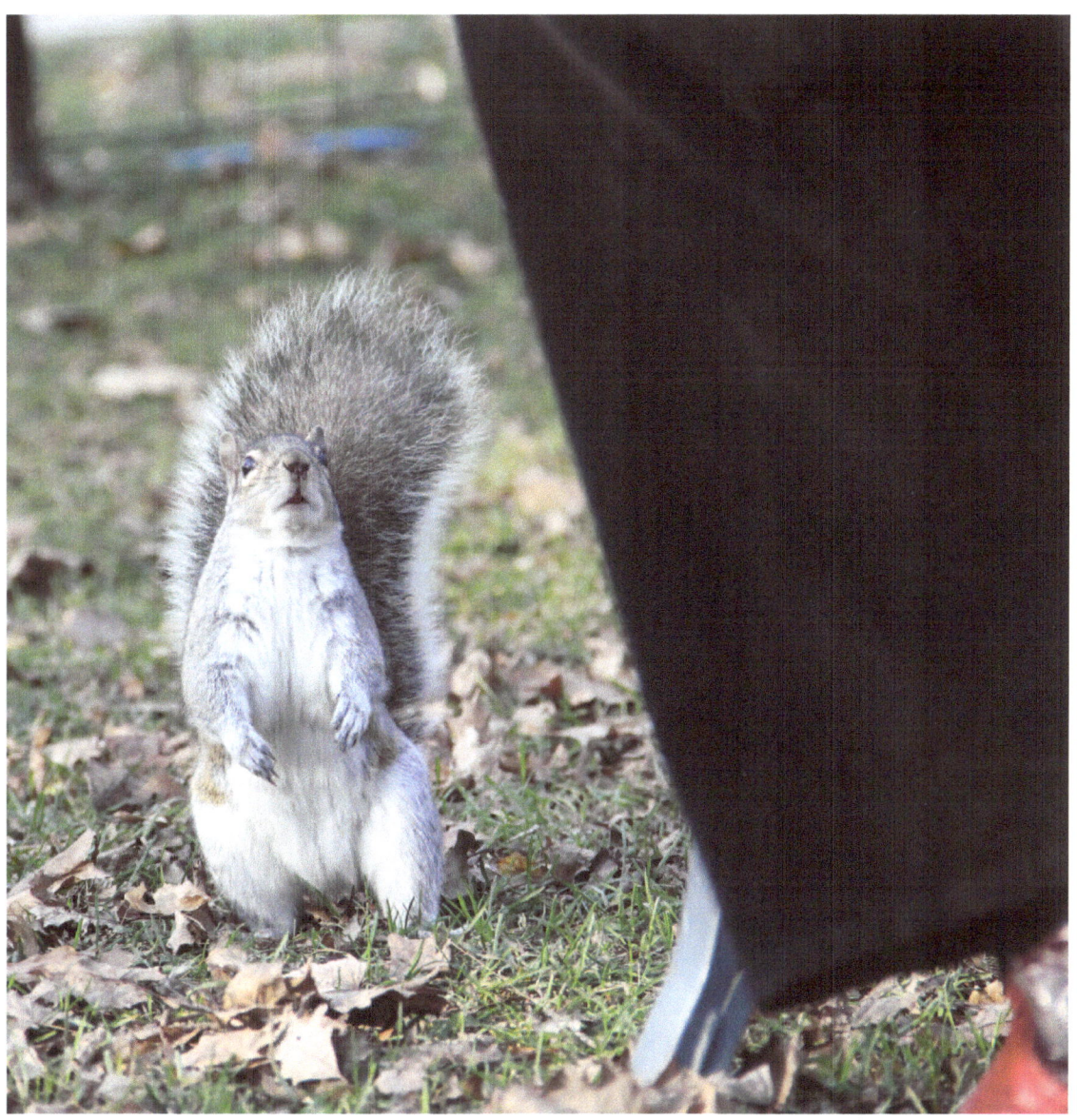

Sir, Haben Sie etwas zum essen für mich, bitte?

# Die Eichhörnchen und Ich

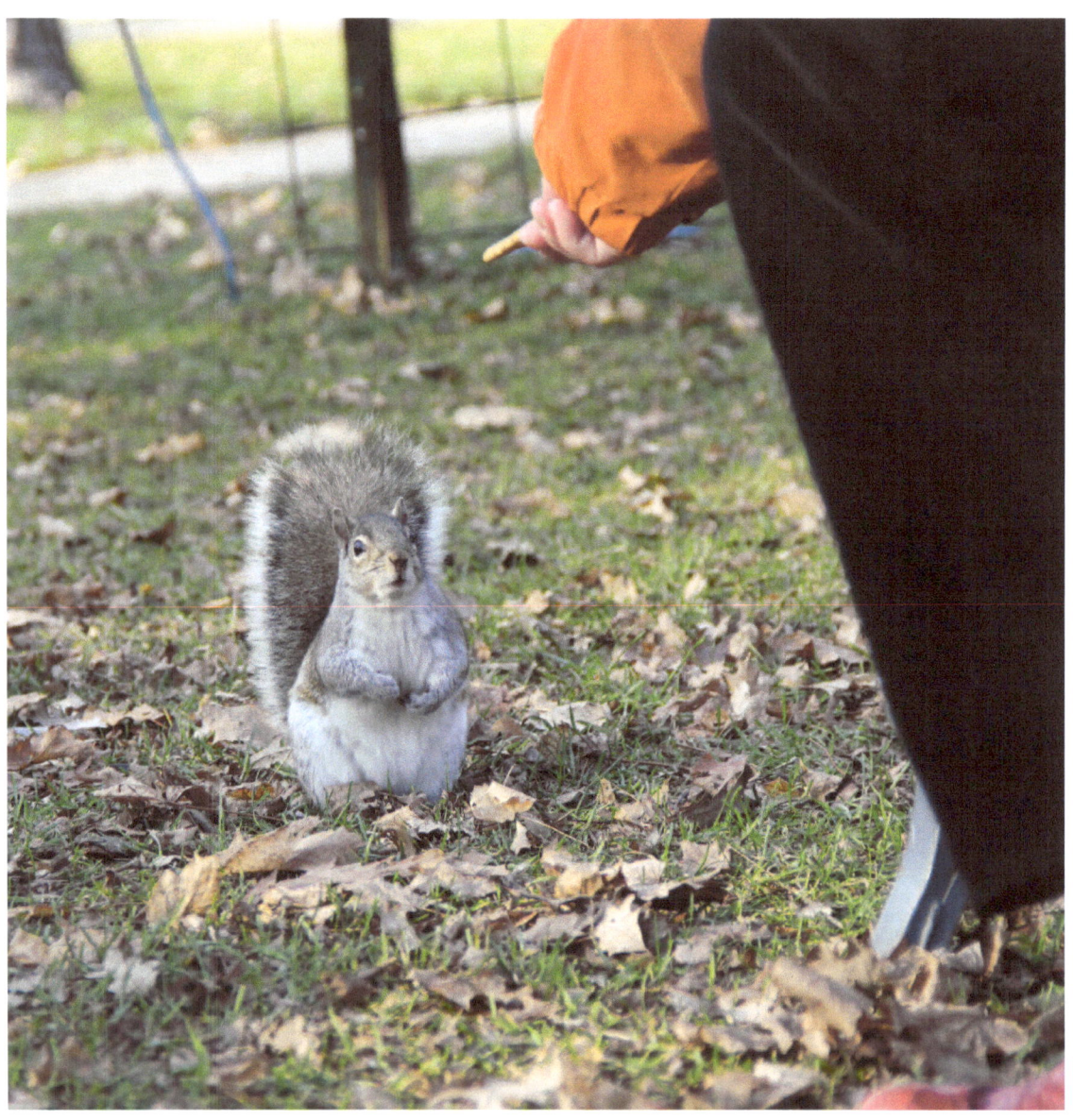

Aber Natürlich ... Hier hast du einen Tee Keks.

# Die Eichhörnchen und Ich

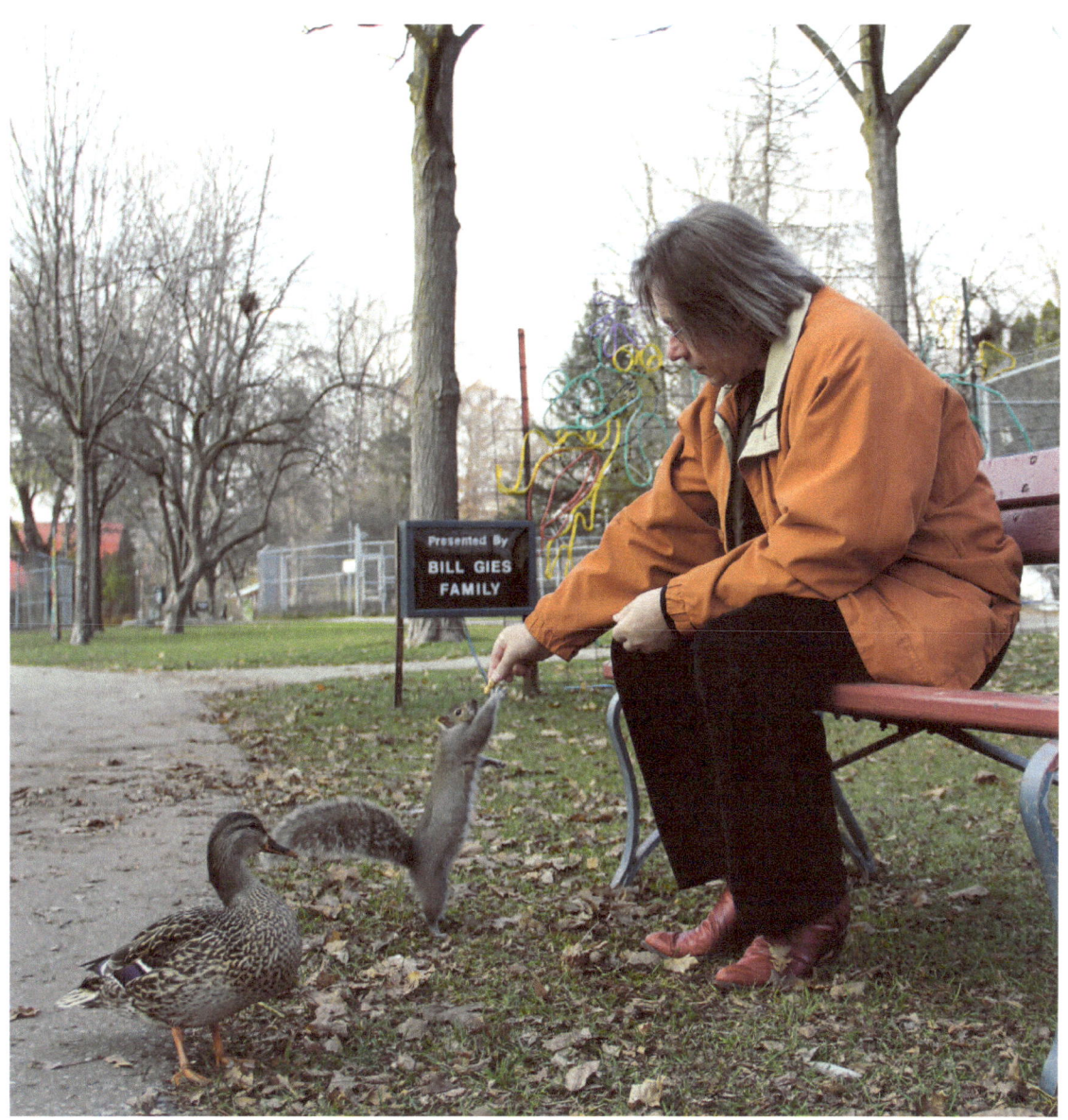

Willst du eine Erdnuss?

# Die Eichhörnchen und Ich

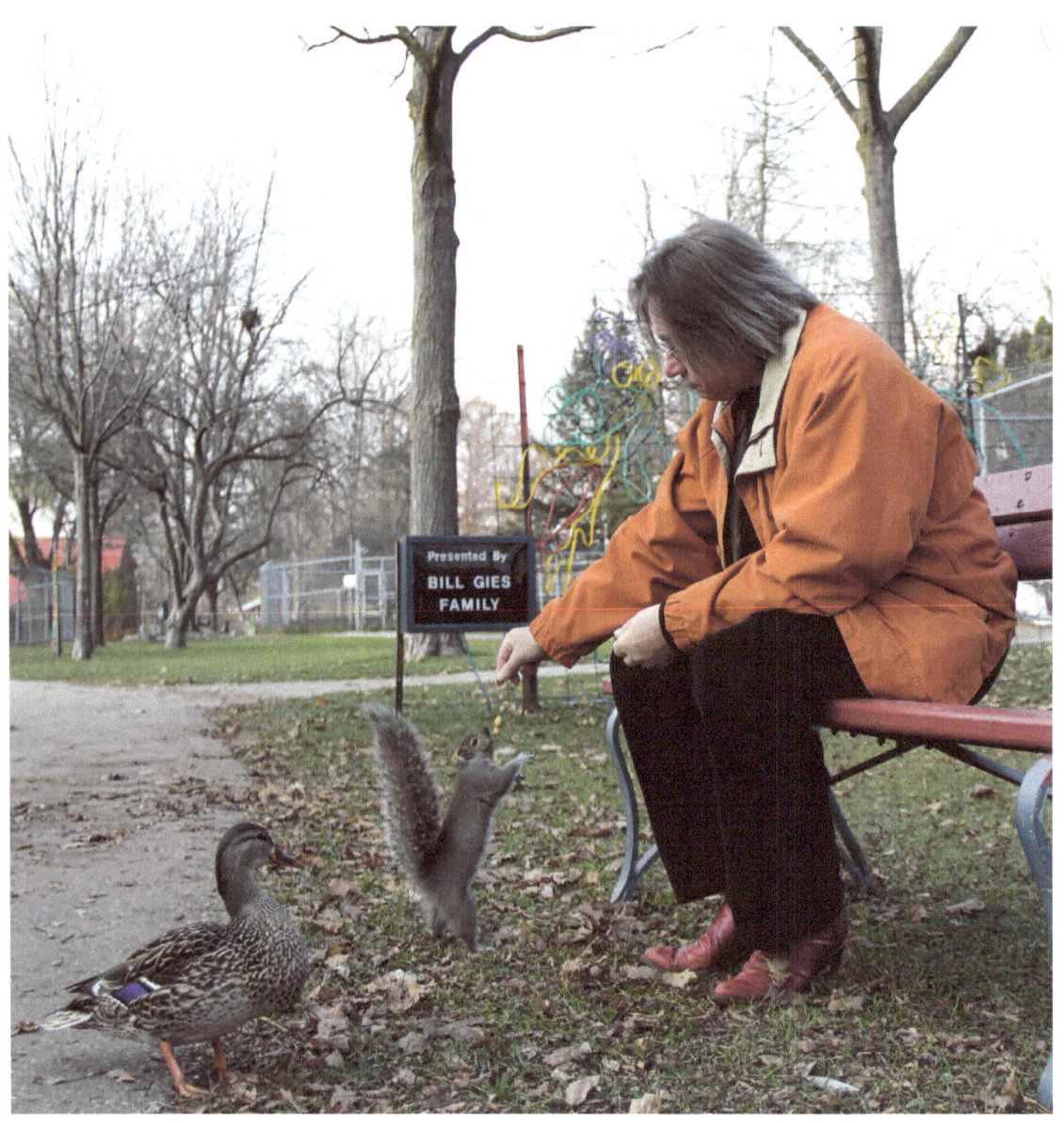

Du mußt es fangen!

# Die Eichhörnchen und Ich

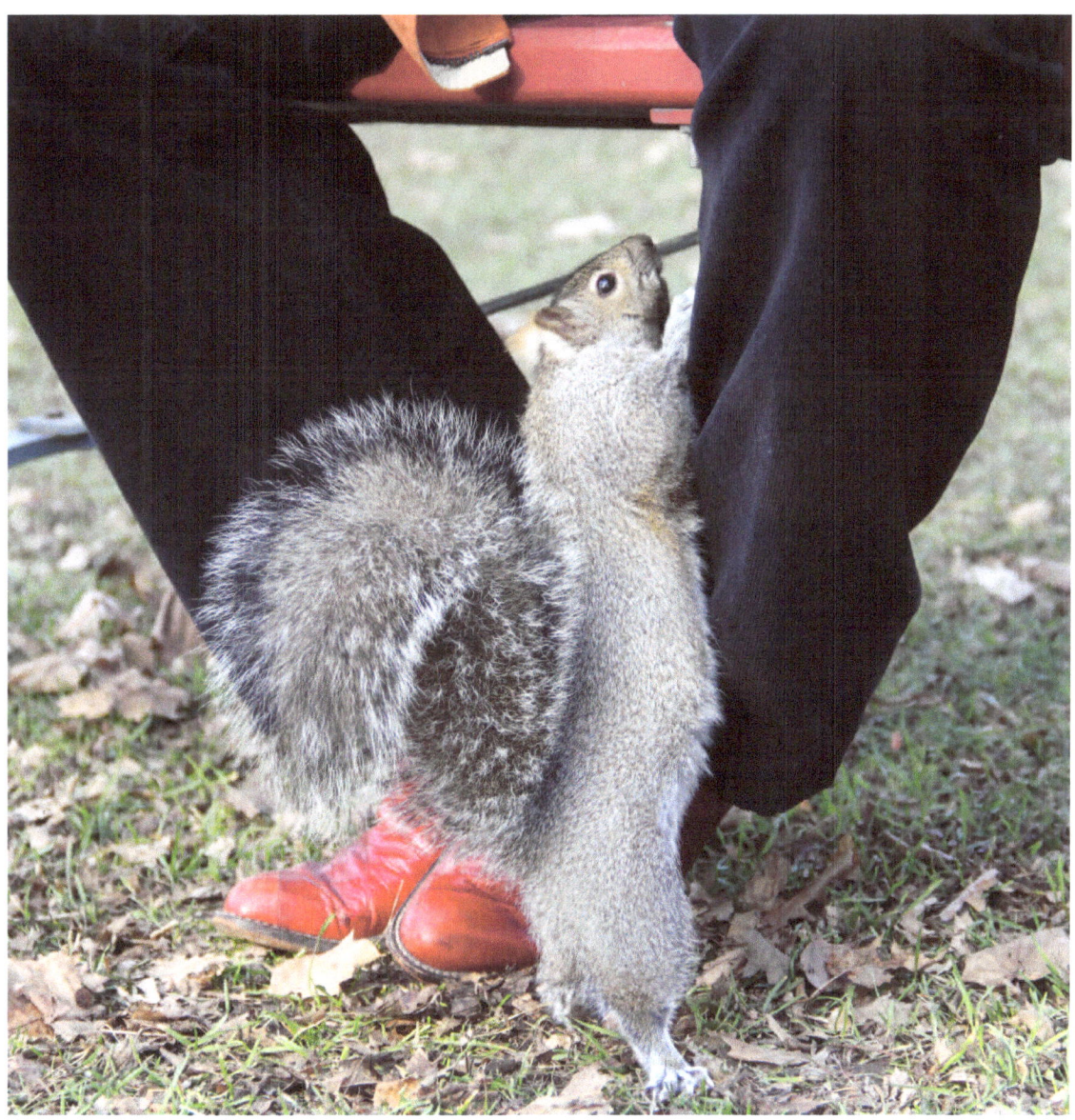

Vielen Dank Sir, für das ganz gute Essen.

# Die Eichhörnchen und Ich

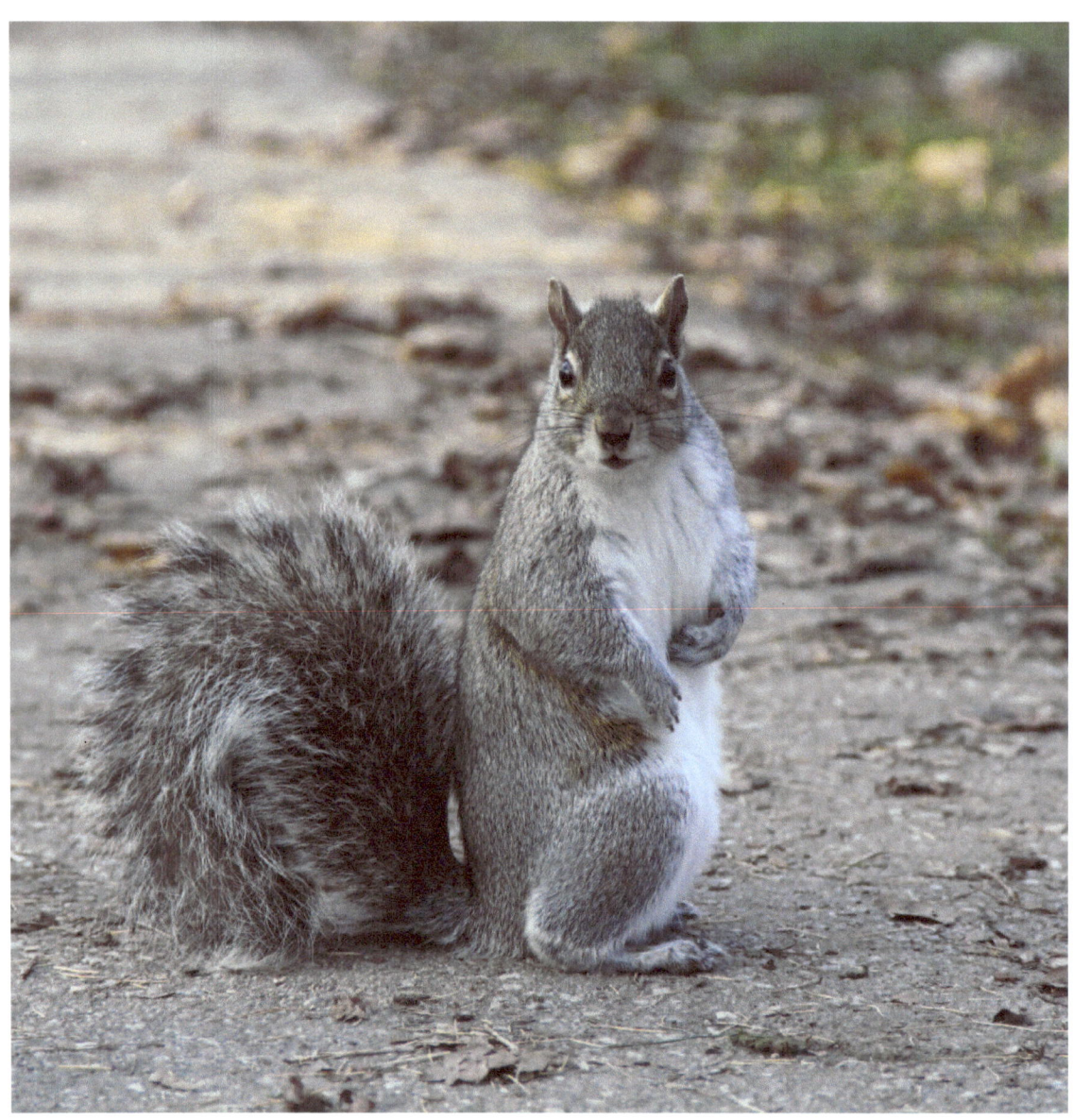

Es tut mir Leid das Sie jetzt gehen müßen.

# Die Eichhörnchen und Ich

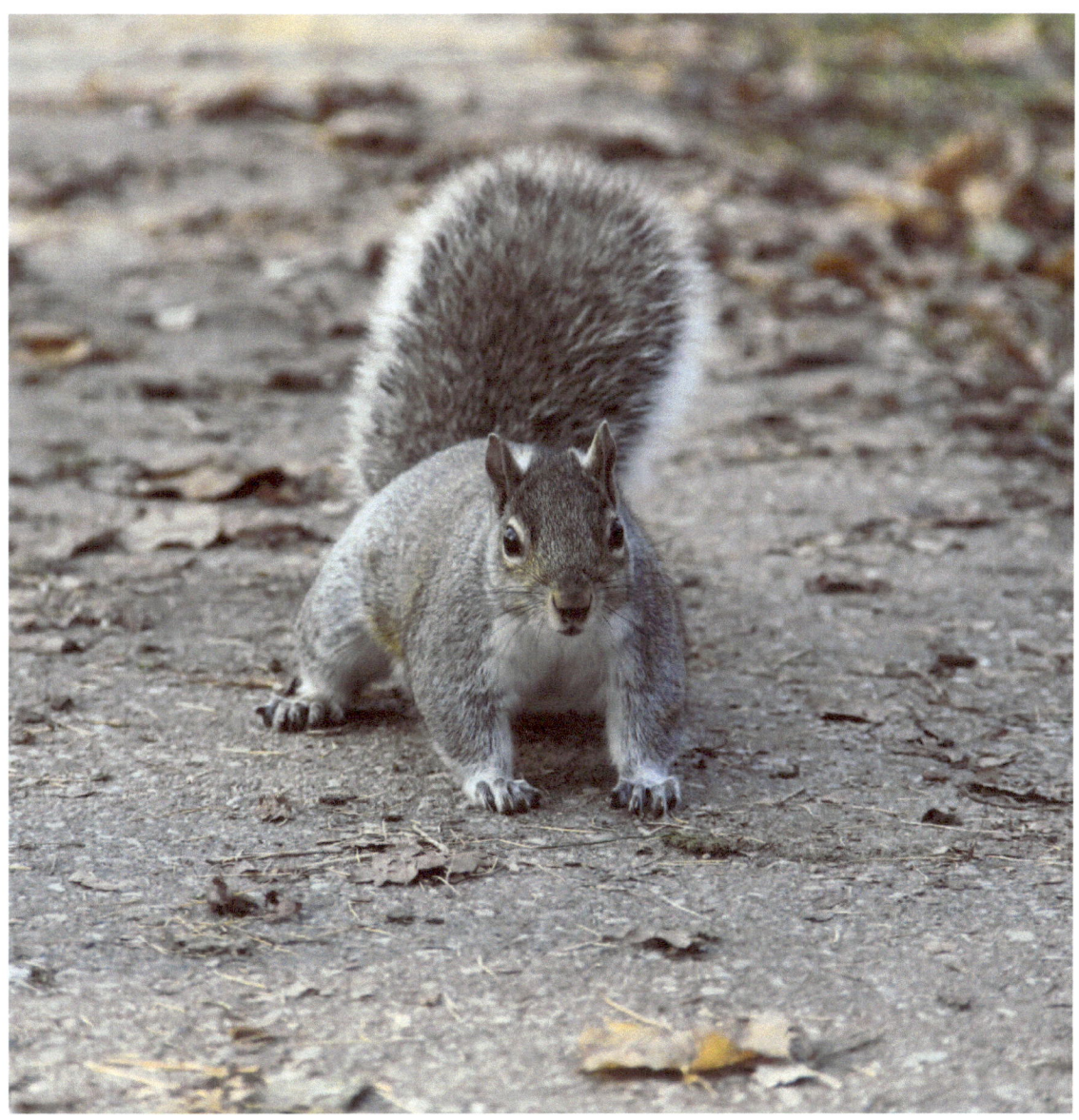

Bitte, kommen Sie bald wieder. Winter steht vor der Tür und wir müßen unsere Vorratskammern zu füllen.

# BIBLIOGRAPHIE — KLAUS D. EMRICH

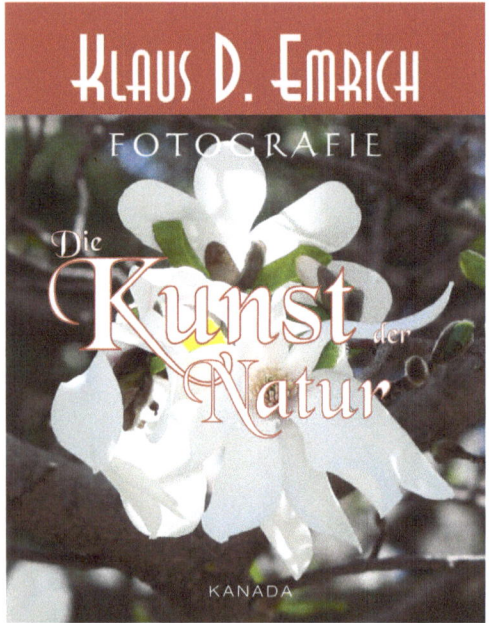

DIESE BÜCHER SIND AUCH IN ENGLISCHER SPRACHE ERHÄLTLICH.

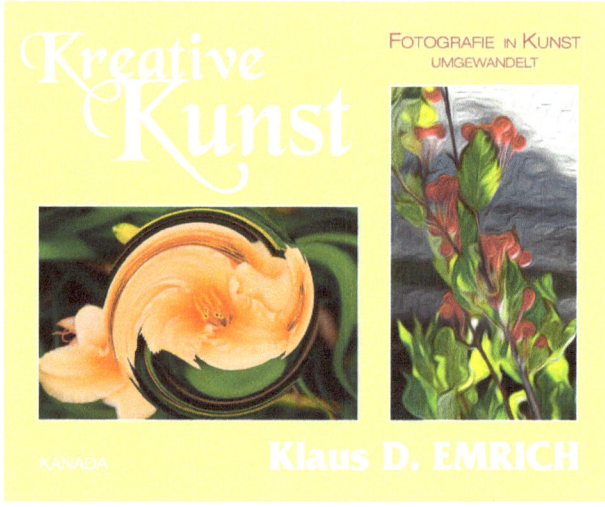

**DIE KUNST DER NATUR**
*Fotografie - Kanadian Natur.*

**KREATIVE KUNST**
*Künstlerischer Blick über die Fotografie.*

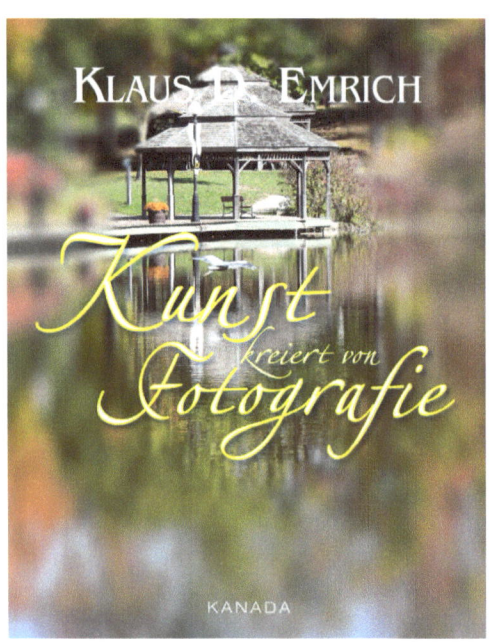

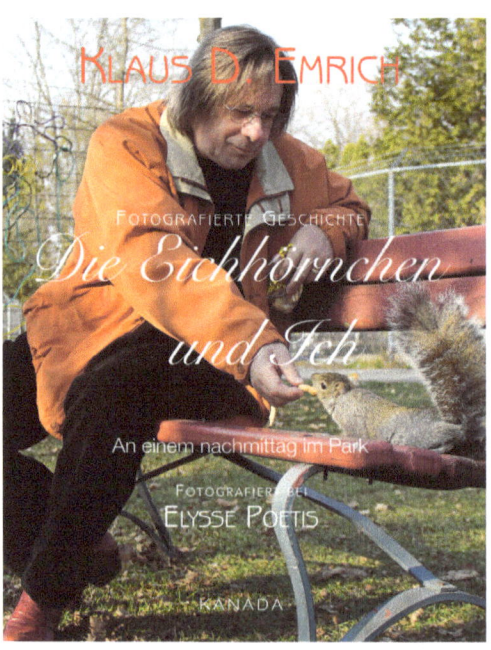

**KUNST KREIERT VON FOTOGRAFIE**
*Fotografie in Kunst umgewandelt.*

**DIE EICHHÖRNCHEN UND ICH**
*Fotografiert Geschichte.*

# ÜBER DEN AUTOR

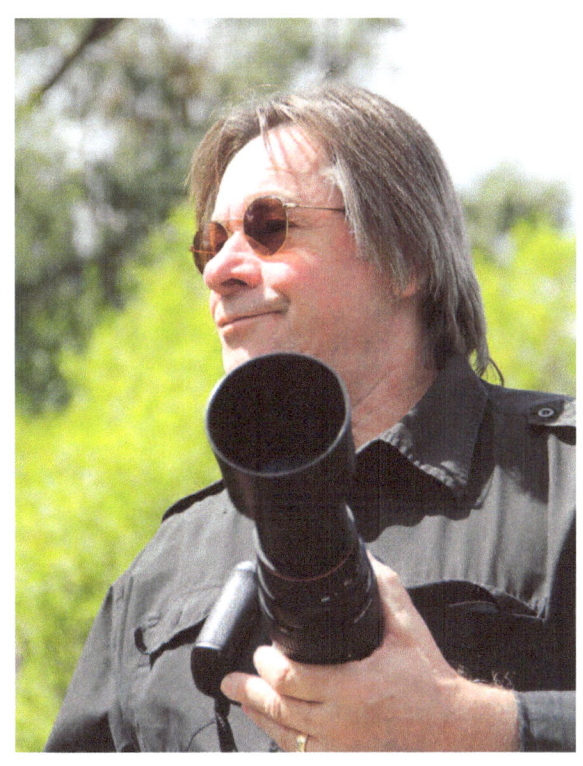

Klaus D. Emrich liebte es, Kunst zu schaffen, schon als kleines Kind in Deutschland. Würde er durch Felder, Wald und Wiesen gehen um die Natur zu erforschen. Er war faszinated von der Schönheit die, die Natur zu offeren hat. Erst in den letzten Jahren hat Klaus D. seinem Talent/Phantasie durch Fotografie, seinen größten Traum verwirklicht.

Dieses lustige Buch "Die Eichhörnchen und Ich" wurde im September 2014 veröffendlicht, durch den Verlag "Von Der Alps Publishing Corporation." Klaus D. Emrich ist Autor von mehrerer Bücher bei Amazon.

Klaus und seiner Frau Mary, (Pseudonym Elysse Poetis - Preis Winnende Autorin zahlreicher Bücher bei Amazon), leben in der berühmten Region in Waterloo, Ontario, Kanada.

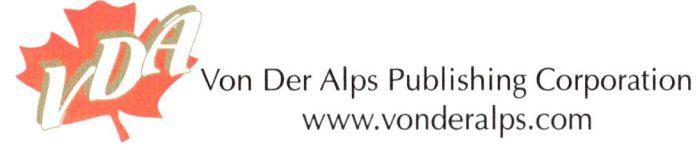
Von Der Alps Publishing Corporation
www.vonderalps.com

www.ingramcontent.com/pod-product-compliance
Lightning Source LLC
Chambersburg PA
CBHW050437180526
45159CB00006B/2573